T/CAGHP 055—2019

目　次

前言 ··· Ⅲ
引言 ··· Ⅴ
1 范围 ··· 1
2 规范性引用文件 ··· 1
3 术语与符号 ··· 1
　3.1 术语与定义 ·· 1
　3.2 符号 ··· 2
4 基本规定 ·· 3
5 削方边坡稳定性计算与评价 ·· 4
　5.1 一般规定 ··· 4
　5.2 稳定性计算荷载组合 ·· 4
　5.3 稳定性计算 ·· 4
6 削方减载工程设计 ··· 5
　6.1 一般规定 ··· 5
　6.2 削方减载部位和范围确定 ·· 5
　6.3 削方断面与削方边坡坡率 ··· 5
　6.4 坡面排水 ··· 6
　6.5 坡面防护 ··· 6
7 施工要求与安全监测 ·· 7
　7.1 施工要求 ··· 7
　7.2 安全监测 ··· 7
8 设计成果 ·· 8
　8.1 设计成果内容 ··· 8
　8.2 设计成果书写格式、图件比例尺 ··· 8
附录A（规范性附录） 滑坡、崩塌防治工程等级 ··· 9
附录B（规范性附录） 滑坡、崩塌防治工程稳定安全系数 ···························· 10
附录C（资料性附录） 稳定性计算方法 ·· 11
附录D（资料性附录） 削方减载削方量计算公式 ·· 18
附录E（资料性附录） 岩质边坡的岩体分类 ·· 20

Ⅰ

前　言

本规范按照 GB/T 1.1—2009《标准化工作导则　第 1 部分：标准的结构和编写》给出的规则起草。

本规范附录 A、B 为规范性附录，附录 C、D、E 为资料性附录。

本规范由中国地质灾害防治工程行业协会提出并归口。

本规范主要起草单位：武汉地质工程勘察院、南京地质工程勘察院、安徽金联地矿科技有限公司、中国建筑材料工业地质勘查中心、福建交通规划设计院。

本规范主要起草人：张晴、李伟、方山耀、刘平、左其平、罗顺林、潘南大、顾问、王振祥、秦月琴、张东望、许仁朝、卢才金。

本规范由中国地质灾害防治工程行业协会负责解释。

引 言

削方减载治理工程是防治地质灾害的一种常用工程手段,为保障地质灾害削方减载治理工程的安全性、科学性和适用性,在总结工程经验的基础上特编制本规范。通过对滑坡、崩塌削方减载治理工程的适用条件、设计遵循原则、削方部位及削方量设计、验算方法、施工要求、安全监测、动态设计等方面进行规定,为滑坡、崩塌削方减载治理工程设计提供规范与参考。

本规范共有8章和5个附录,内容包括范围、规范性引用文件、术语和符号、基本规定、削方边坡稳定性计算与评价、削方减载工程设计、施工要求与安全监测、设计成果。

滑坡崩塌防治削方减载工程设计规范(试行)

1 范围

本规范规定了削方减载治理工程相关的术语与符号、基本规定、削方边坡稳定性技术与评价、削方减载工程设计、施工要求与安全监测和设计成果要求。

本规范适用于地质灾害中潜在或正在活动的滑坡、崩塌的削方减载工程。

削方减载工程设计除应符合本规范外,还应符合现行国家和行业的相关规范、标准的规定。

2 规范性引用文件

下列文件对于本规范的应用是必不可少的。凡是注明日期的引用文件,仅注明日期的版本适用于本规范。凡是不注明日期的引用文件,其最新版本(包括所有的修改版)适用于本规范。

GB 18306 中国地震动参数区划图
GB 50330 建筑边坡工程技术规范
GB 50021 岩土工程勘察规范
GB 50202 建筑地基基础工程施工质量验收规范
GB/T 32864—2016 滑坡防治工程勘查规范
DZ/T 0219—2006 滑坡防治工程设计与施工技术规范
DZ/T 0221—2006 崩塌、滑坡、泥石流监测规范
DZ/T 0286—2015 地质灾害危险性评估规范
T/CAGHP 035—2018 地质灾害排水治理工程设计规范
T/CAGHP 027—2018 坡面防护工程设计规范

3 术语与符号

3.1 术语与定义

下列术语和定义适用于本规范。

3.1.1
削方减载工程 cutting and unloading engineering

通过人工或机械开挖、爆破等方式消减(潜在)滑坡、崩塌重量,提高斜坡稳定性的工程措施。

3.1.2
削方边坡 cutting slope

经人工开挖形成的具有一定规则、临空形状的斜坡。

3.1.3
边坡坡率 slope ratio

边坡铅垂方向上的高度与坡面水平方向上的投影长度的比值。

3.1.4
马道 berm

高边坡施工时,为保证边坡的稳定,便于施工人员和施工设备通行,在边坡上开挖预留的有一定规则的平台。

3.1.5
护坡 slope protection

为防止边坡受冲刷、风化等因素破坏,在坡面进行的铺砌、栽植等工程保护措施。

3.1.6
排水沟 drainage ditch

位于防治对象上的地表排水系统,用于排泄由降水、泉水等转化的坡面水流或截水沟排出的水流。

3.1.7
截水沟 intercepting ditch

为拦截山坡上部流向防治对象的水流,在防治对象上部设置的截水设施。

3.2 符号

W——滑坡体自重与建筑等地面荷载之和、危岩体自重,单位为千牛每米(kN/m);

F——滑坡体所受地面荷载,单位为千牛(kN);

R——滑坡体抗滑力,单位为千牛每米(kN/m);

T——滑坡体下滑力,单位为千牛每米(kN/m);

N——滑坡体在滑动面法线上的分力,单位为千牛每米(kN/m);

T_D——渗透压力产生的平行滑面分力,单位为千帕(kPa);

N_W——孔隙水压力,单位为千帕(kPa);

c——黏聚力,单位为千帕(kPa);

φ_i——内摩擦角,单位为度(°);

L——滑坡滑动面长度,单位为米(m);

α——滑面倾角、崩塌(危岩体)与基座接触面倾角,单位为度(°);

β——地下水流线倾角、裂隙倾角,单位为度(°);

P_W——滑坡体的渗透压力,单位为千帕(kPa);

V——裂隙水压力,单位为千牛每米(kN/m);

U——地下水扬压力,单位为千牛每米(kN/m);

V_u——滑坡体岩土体的浸润线以上体积,单位为立方米(m³);

V_d——滑坡体岩土体的浸润线以下体积,单位为立方米(m³);

Q——地震力,单位为千牛每米(kN/m);

h_w——裂隙充水高度,单位为米(m);

h——裂隙深度,单位为米(m);

H——崩塌后缘裂隙上端到未贯通段下端的垂直距离,单位为米(m);

a ——崩塌(危岩体)重心到倾覆点的水平距离,单位为米(m);
b ——崩塌后缘裂隙未贯通段下端到倾覆点之间的水平距离,单位为米(m);
h_0 ——崩塌(危岩体)重心到倾覆点的垂直距离,单位为米(m);
f_{lk} ——崩塌(危岩体)抗拉强度标准值,单位为千帕(kPa);
γ ——岩土的饱和重度,单位为千牛每立方米(kN/m^3);
γ' ——岩土的浮重度(有效重度),单位为千牛每立方米(kN/m^3);
γ_w ——水的重度,单位为千牛每立方米(kN/m^3);
k_s ——综合水平地震系数;
ξ ——崩塌(危岩体)抗弯力矩计算系数;
a_0 ——崩塌(危岩体)重心到潜在破坏面的水平距离,单位为米(m);
b_0 ——崩塌(危岩体)重心到过潜在破坏面形心的铅垂距离,单位为米(m);
H_0 ——崩塌(危岩体)后缘潜在破坏面高度,单位为米(m)。

4 基本规定

4.1 削方减载工程设计应遵循安全可靠、经济合理、因地制宜、生态环保的原则。

4.2 削方减载工程既可单独作为滑坡、崩塌防治的主体工程,也可与其他防治工程结合作为地质灾害防治工程的辅助工程。

4.3 下列情形不宜直接或单独采用削方减载工程进行(潜在)滑坡、崩塌治理:
    a) 牵引式滑坡;
    b) 滑面后缘段较短且主滑段倾角较小的滑坡;
    c) 大型及以上滑坡、崩塌。

4.4 削方减载工程设计应与地质灾害防治工程等级一致。滑坡、崩塌防治工程等级划分见附录A。

4.5 设计前应充分收集和掌握以下资料:
    a) 工程区地形图与周围环境资料;
    b) 通过审查的滑坡或崩塌(危岩体)地质勘查报告;
    c) 工程区气象、水文、地震资料,对于临近江河、湖泊、水库的涉水滑坡、崩塌,还应收集丰水期、枯水期水位,河水流速、流量,水库运行水位等资料;
    d) 当地类似工程经验资料。

4.6 削方减载工程应与环境保护相协调,应根据工程区地质环境、生物环境、人类生活环境条件及文物保护要求,有针对性地采取环境保护措施。

4.7 削方减载工程不得引发后部及两侧斜坡变形失稳。

4.8 削方减载工程设计应在削方边坡稳定性计算评价和验算后进行。

4.9 削方减载工程应结合滑坡、崩塌防治工程整体排水系统设置进行削方坡面排水设计。

4.10 削方减载工程应结合排水、坡面防冲刷、环境绿化等措施进行削方减载坡面防护设计。

4.11 削方减载工程设计应根据施工现场的地质条件、施工情况、滑坡或崩塌变形变化情况、监测反馈信息等,对设计进行校核、修改和补充。

5 削方边坡稳定性计算与评价

5.1 一般规定

5.1.1 削方边坡稳定性评价一般采用刚体极限平衡法。结构复杂的岩质滑坡及崩塌（危岩体）稳定性评价可结合赤平投影法和实体比例投影法进行；破坏机制复杂的滑坡、崩塌（危岩体）稳定性评价宜结合数值模拟进行。

5.1.2 削方减载工程稳定性计算包含削方减载前后斜坡整体稳定性计算和验算、削方段后部坡体的稳定性计算和验算、削方边坡的稳定性计算、削方边坡从残存薄弱部位剪切出来的可能性验算。

5.1.3 削方减载工程的安全系数应根据防治工程等级、设计工况、滑坡、崩塌及其破坏模式确定。具体参照附录 B。

5.2 稳定性计算荷载组合

5.2.1 稳定性计算荷载组合一般应考虑正常工况、暴雨工况、地震工况。房屋密集区、道路、采石场等地段应考虑既有建（构）筑物附加荷载、车辆和爆破等人工动荷载，水库区应考虑库水位变化的影响。

5.2.2 正常工况荷载组合：自重＋地下水；暴雨工况荷载组合：自重＋地下水＋暴雨；地震工况荷载组合：自重＋地下水＋地震。一般正常工况、暴雨工况作为设计工况，地震工况作为校核工况。

5.2.3 地震荷载按 50 a 超越概率 10% 的地震加速度设计；库水位按坝前高程设计，并根据不同地段作调整。

5.3 稳定性计算

5.3.1 稳定性计算的剖面一般应选择主轴断面，中型以上的滑坡、崩塌应选取多个纵断面进行计算；有多个不同滑动方向的滑坡、崩塌，应对各个方向分别计算。

5.3.2 稳定性计算采用的岩土参数宜通过取样试验、原位测试、工程类比或反演分析等综合确定。

5.3.3 稳定性计算应根据斜坡物质、滑坡滑面形态、崩塌模式等，选择合适的计算方法。具体见附录 C。

a) 折线形滑面的土（岩）质滑坡、滑移式崩塌，稳定性计算可采用传递系数法；
b) 圆弧形滑面的土质滑（边）坡，稳定性计算可采用瑞典条分法或毕肖普法；
c) 沿结构面破坏的岩质滑坡、边坡，稳定性计算可采用平面滑面计算法或楔体法；
d) 不同类型崩塌根据危岩体后缘有无陡倾裂隙和受控岩体抗拉强度，采用适当的方法。

5.3.4 稳定性计算考虑地震作用时，地震力应按下式计算：

$$Q_e = k_s W \quad \cdots\cdots\cdots\cdots\cdots\cdots\cdots\cdots\cdots\cdots （1）$$

$$Q_{ei} = k_s W_i \quad \cdots\cdots\cdots\cdots\cdots\cdots\cdots\cdots\cdots\cdots （2）$$

式中：

Q_e、Q_{ei}——滑动体、第 i 个计算条块或单位宽度地震力，单位为千牛每米（kN/m）；

W、W_i——滑动体、第 i 个计算条块或单位宽度自重，单位为千牛每米（kN/m）；

k_s——综合水平地震系数，由所在地区地震基本烈度和地震峰值加速度按表1确定。

表 1 水平地震系数

地震基本烈度	7 度		8 度		9 度
地震峰值加速度	0.10g	0.15g	0.20g	0.30g	0.40g
综合水平地震系数 k_s	0.025	0.038	0.050	0.075	0.100
注:g 为重力加速度。					

5.3.5 削方减载后滑坡、崩塌及削方边坡稳定性应满足下式要求：

$$F_s \geqslant F_{st} \quad\quad\quad\quad\quad\quad\quad\quad\quad\quad\quad\quad\quad (3)$$

式中：

F_s——滑坡、崩塌及削方边坡的稳定系数；

F_{st}——按滑坡、崩塌防治工程等级确定的稳定安全系数，可按本规范附录 B 选择取值。

5.3.6 削方减载后的坡体稳定性验算时，应考虑坡面形态和入渗率的改变及滑面破损区和后缘拉剪区应力的有效改善对稳定性的影响。

6 削方减载工程设计

6.1 一般规定

6.1.1 削方减载工程一般包括坡体减载、削坡整形降低坡度、浅表层变形体清除。

6.1.2 削方减载工程设计应包括：削方减载部位和范围确定、削方断面和削方边坡坡率确定、削方量计算、坡面排水设计和坡面防护设计。

6.1.3 削方减载工程设计应对滑坡、崩塌进行稳定性计算与评价，对削方后地质体的稳定性进行验算。

6.2 削方减载部位和范围确定

6.2.1 削方减载部位应根据地质灾害体的类型、岩土物质组成及其性质、地形地貌、水文地质条件、结构面特征、稳定状况、破坏模式和削方减载的方式等综合确定。

6.2.2 削方减载部位应先进行平面初步确定，再根据滑坡、崩塌防治工程稳定性和安全性的要求，综合确定削方减载的具体部位。

6.2.3 采用减少荷重方式提高稳定性的滑坡体、崩塌体，削方减载部位一般应选择在滑坡体、崩塌体的中、后部或主滑段；削方减载部位可通过计算下滑力与阻滑力来确定，即通过计算单个块体下滑力与阻滑力，选择下滑力大于阻滑力或下滑力与阻滑力相近块体以上部位作为削方减载的区域。

6.2.4 采用削方整形降低坡体地形坡度方式提高稳定性的滑坡体、崩塌体，削方减载部位应根据计算的稳定坡率确定，一般宜选择地形坡度由缓变陡的部位。

6.2.5 对浅表层变形体、危岩清除部位，可直接对变形体、危岩部位进行削方。

6.2.6 削方范围应控制在对坡体稳定性有影响的范围内，纵向上不应超过滑坡体、崩塌体的后缘边界。

6.3 削方断面与削方边坡坡率

6.3.1 削方断面应根据削方目的、削方方式、削方体规模、灾害体类型及削方高度等确定。

6.3.2 削方断面一般应设计成阶梯形或折线形，对坡高不超过 8 m 的土质边坡和不超过 15 m 的岩质边坡可采用一坡式断面进行削方。

6.3.3 对削方坡高超过 8 m 的土质边坡和超过 15 m 的岩质边坡,应分级削坡。对土质边坡每级高度宜为 4 m~6 m,对岩质边坡每级高度宜为 8 m~12 m,在分级及变坡率处应设置台阶或马道,土质边坡台阶或马道宽度宜为 2 m~3 m,岩质边坡台阶或马道宽度宜为 1 m~2 m。

6.3.4 边坡下方有交通道路及其他有需要保护的公共设施,坡脚部位应设置护脚墙,护脚墙高度一般不宜超过 1.5 m。

6.3.5 削方边坡坡率应根据工程经验,按工程类比的原则结合已有稳定边坡的坡率值分析确定。

6.3.6 当有下列条件时,削方边坡坡率允许值应通过稳定性分析计算确定:
 a) 土质边坡坡高超过 10 m、岩质边坡坡高超过 25 m 的边坡;
 b) 边坡物质组成为软土、湿陷性土、红黏土、膨胀岩土、多年冻土等特殊性岩土的边坡;
 c) 地下水发育的边坡;
 d) 有倾向坡外软弱结构面或呈散体状的岩质边坡;
 e) 在边坡影响范围内,有较大荷载的边坡。

6.3.7 削方量可根据削方断面,采用方格网法、横断面法、三角网法、平均高程法等方法进行计算;也可根据无人机测量获取的高精度数字地形模型(DTM),以削方前后空间体积之差直接确定。

6.4 坡面排水

6.4.1 削方坡面排水设计应能起到有利于削方减载坡体地表水的排泄作用,排水沟设置应充分利用地势条件,随坡就势,有利于地表水的汇集和迅速向区外排水,不造成水的滞流。

6.4.2 在削方减载区后缘边坡坡顶部位应设置横向截水沟,在边坡坡面应设置纵向的排水沟,并与城市或公路排水系统衔接;在削方减载区两侧应结合滑坡体、崩塌体边界设置纵向具有截排水双重功能的排水沟。

6.4.3 在削方减载区内前缘削方线部位、边坡坡脚、放坡马道处应设置横向排水沟;同时在平面上应设置纵向排水沟。

6.4.4 对纵向排水沟坡降较陡的地段应设置跌水、消能池及急流槽等,必要时可设置集水井及跌水沟盖板。

6.4.5 排水沟的纵横间距、沟宽、沟深应由计算确定,应按照《地质灾害排水治理工程设计规范》(T/CAGHP 035—2018)执行。

6.5 坡面防护

6.5.1 削方坡面防护应根据工程区域气候、水文、地形、地质条件、材料来源及使用条件采取工程防护和植被绿化防护相结合的防护措施,在条件许可时,坡面防护宜优先采用有利于生态环境保护和美化的植被绿化防护措施。

6.5.2 削方坡面的防护应保证削方坡面所在坡体的稳定。坡面防护应在削方过程中及时完成,与削方进度保持一致。

6.5.3 坡面防护采用植物防护和绿化方法时,可根据植物生长的适宜性、边坡岩土性质及风化程度、边坡坡度,选择植草、铺草皮、植树、湿法喷播绿化、客土喷播绿化、骨架植物、混凝土空心块植物、锚杆钢筋混凝土格构植物等。

6.5.4 对砌体护坡、护面墙防护、喷射混凝土及植被防护与绿化设计等按照《坡面防护工程设计规范》(T/CAGHP 027—2018)执行。

7 施工要求与安全监测

7.1 施工要求

7.1.1 削方施工应遵循"自上而下、分级分段"的原则,按照分级、分段、对称、均衡等要求确定开挖顺序。

7.1.2 削方开挖应避免超挖。开挖后的边坡应及时进行坡面防护,防止水浸和暴露时间过长,使边坡稳定状况恶化。削方后出露裂缝、裂隙应及时用黏土或水泥砂浆进行封填。

7.1.3 削方开挖爆破施工应在爆破设计的基础上进行。

7.1.4 爆破设计应以爆破施工警戒线按爆破安全距离划出迎爆面和背爆面的爆破安全避让范围,并提出该范围内所有人员、建筑物、构筑物和作业机械的安全保护措施或避让措施。爆破安全距离应符合下列规定:
   a) 迎爆面爆破施工警戒线外不应小于300 m;
   b) 背爆面爆破施工警戒线外不应小于200 m。

7.1.5 对表层危岩体清除,尽可能采用导爆索进行光面爆破或预裂爆破;凿岩一般3 m～4 m,由上至下一次成型。以浅孔台阶爆破为主,并对超欠挖部分进行修整成型。

7.1.6 大块孤石爆破宜采用钻孔爆破与糊炮爆破或表面聚能爆破相结合的方式;对于块体厚度大于1.5 m,易于凿岩的块石,应以钻孔爆破为主;对不易凿岩的块石,可采用糊炮爆破或表面聚能爆破的方式;对块体厚度小于1.5 m,凿岩施工条件极差的块石,应以糊炮爆破或表面聚能爆破为主。

7.1.7 削方施工应采取信息法施工,对重要的削方工程宜利用监测信息进行反分析,检验校核设计与施工参数,指导后续的设计和施工。

7.1.8 削方施工中出现变形过大、变形速率过快等险情时,应立即暂停施工,查明原因,采取控制或加固措施后,方能继续施工。

7.1.9 应避免雨天进行削方施工,确实需要施工的,应加强施工监测和采取安全保护措施。

7.1.10 削方弃渣(土)除应结合防治工程回填压脚尽量就近处置外,也可选择无常年或季节性径流的沟谷或缓坡地带就近堆放。如无法就近处置,应设计专门工程弃渣(土)堆放场。

7.1.11 弃渣(土)堆放场不应占用耕地,堵塞河道,影响当地地表水排泄等,应禁止设置在泥石流沟谷内或有集中地表径流通过的斜坡上。

7.1.12 对弃渣(土)场应采取必要的挡护措施,确保弃渣(土)堆体稳定和符合环保要求。

7.1.13 削方减载工程施工应按有关施工技术规范进行,并做好各工序质量控制及施工记录。

7.1.14 工程质量检测应符合下列规定:
   a) 施工削方范围的平面周界与设计的削方范围平面周界误差在±0.5 m内;
   b) 施工削方量不大于设计削方量3%;
   c) 施工坡高与设计坡高误差在±0.5 m内;
   d) 施工坡率与设计坡率误差在±1°内;
   e) 施工坡面平整度与设计坡面平整度误差在±0.1 m/10 m²内;
   f) 坡面排水和坡面防护工程应符合相关专业工程的检测标准。

7.2 安全监测

7.2.1 削方减载工程施工监测设计应结合整体防治工程要求进行设计。监测设计内容包括监测项目、监测目的、监测方法、测点布置和信息反馈等要求。

7.2.2 监测分施工期安全监测和工程治理效果监测。施工期安全监测监测点应布置在削方减载工程影响范围内，能起到反映施工期坡体动态变化的作用，以指导施工、反馈设计；工程治理效果监测应对整个治理工程布置监测点，可供长期监测使用。

7.2.3 对于稳定性差且施工扰动强烈的滑坡体、崩塌体，监测施工期安全监测原则上采用 24 h 自动定时监测方式，监测信息能及时地反映坡体变形破坏特征；反之，可采用 12 h、24 h、3 d、7 d 等监测一次的方式。

7.2.4 工程效果监测应不少于一个水文年。

7.2.5 长期监测数据采集时间间隔宜为 15 d～30 d，动态变化较大时，应适当加密监测次数。

7.2.6 监测项目根据防治工程安全等级、变形控制要求、地质条件等因素选择，主要有地表裂缝和水平位移变形监测，地下水、地表渗水监测。

7.2.7 监测实施的具体要求按照《滑坡、崩塌、泥石流监测规范》(DZ/T 0221—2006)执行。

8 设计成果

8.1 设计成果内容

8.1.1 削方减载治理工程设计应提供如下成果：设计说明书、工程量汇总表、设计图件、计算书、工程概(预)算书。

8.1.2 设计说明书内容包含工程概况、工程地质及水文地质条件简述、设计原则和依据、稳定性计算验算结论、设计措施、施工条件、材料、施工技术、工程监测等要求。

8.1.3 设计图件包括治理工程平面图、治理工程剖面图、监测工程平面图、结构详图、施工总平面布置图，图件一般应有图名、图签、图例、文字说明，对不同图件还应有以下内容：
   a) 治理工程平面图应有削方减载治理工程场地位置、地形、平面范围、工程布置、各控制点坐标与工程量表、剖面位置和编号、指北针；
   b) 治理工程剖面图应有剖面编号、剖面布置、高程坐标、水平标尺；
   c) 监测工程平面图应有场地地形，监测点的坐标、类型等；
   d) 工程结构详图应包含削方减载治理工程涉及到的截排水沟、护面墙、护脚墙等的结构图。

8.1.4 计算书主要包含削方前后滑坡体、崩塌体的稳定性计算、验算，削方体减重计算。

8.1.5 概(预)算书按设计阶段分别为：投资估算、设计概算、施工图预算。

8.2 设计成果书写格式、图件比例尺

8.2.1 文件格式应包含以下内容：
   a) 设计文件应按照内容分节撰写绘制，层次清楚；
   b) 文字及图件的术语、符号、单位应前后一致，符合国家现行标准。

8.2.2 图件比例尺应符合以下要求：
   a) 削方减载工程平面布置图(1∶500～1∶2 000)；
   b) 削方减载工程剖面图(1∶200～1∶1 000)；
   c) 排水工程结构详图(1∶50～1∶200)；
   d) 护坡工程结构详图(1∶50～1∶200)；
   e) 监测工程平面图(1∶500～1∶2 000)。

附 录 A
（规范性附录）
滑坡、崩塌防治工程等级

A.1 滑坡、崩塌防治工程等级的确定应符合表 A.1 的规定。

表 A.1 滑坡、崩塌防治工程等级

防治工程等级	Ⅰ级	Ⅱ级	Ⅲ级
威胁对象	县级和县级以上城市、人口密集、重要建设项目	主要集镇、较重要建设项目	一般集镇、一般建设项目
威胁人数/人	>1 000	500～1 000	<500
直接经济损失/万元	>1 000	500～1 000	<500

注1：防治工程等级一般以表中的威胁对象、威胁人数和经济损失 3 项指标中的最高项指标为对应的防治工程等级。
注2：对威胁对象为县级以上城市、人口密集、重要建设项目，威胁人数小于 500 人或直接经济损失小于 500 万元的；对威胁对象为一般集镇、一般建设项目，威胁人数大于 500 人或直接经济损失大于 1 000 万元的防治工程等级可定为Ⅱ级。
注3：对威胁对象为主要集镇、较重要建设项目，威胁人数小于 500 人或直接经济损失小于 500 万元的；对威胁对象为一般集镇、一般建设项目，威胁人数小于 1 000 人、大于 500 人或直接经济损失小于 1 000 万元、大于 500 万元的防治工程等级可定为Ⅲ级。
注4：建设项目重要性可按《地质灾害危险性评估规范》(DZ/T 0286—2015)的规定确定。

附 录 B
（规范性附录）
滑坡、崩塌防治工程稳定安全系数

B.1 滑坡、崩塌防治工程稳定安全系数应根据滑坡、崩塌防治工程等级和设计工况进行取值。对Ⅰ级、Ⅱ级防治工程，设计工况一般按暴雨工况考虑，校核工况按地震工况考虑；Ⅲ级防治工程，设计工况可按正常工况考虑，校核工况按暴雨工况考虑。

B.2 滑坡防治工程稳定安全系数取值应符合表B.1的规定。

表 B.1 滑坡防治工程稳定安全系数

防治工程等级	Ⅰ级		Ⅱ级		Ⅲ级	
工况	设计工况	校核工况	设计工况	校核工况	设计工况	校核工况
稳定安全系数 F_{st}	1.20~1.40	1.10~1.15	1.15~1.30	1.05~1.10	1.10~1.20	1.02~1.05

B.3 崩塌（危岩体）防治工程稳定安全系数取值应符合表B.2的规定。

表 B.2 崩塌（危岩体）防治工程稳定安全系数

防治工程等级		Ⅰ级		Ⅱ级		Ⅲ级	
工况		设计工况	校核工况	设计工况	校核工况	设计工况	校核工况
稳定安全系数 F_{st}	滑移式危岩体	1.40	1.15	1.30	1.10	1.20	1.05
	倾倒式危岩体	1.50	1.20	1.40	1.15	1.30	1.10
	坠落式危岩体	1.60	1.25	1.50	1.20	1.40	1.15

附 录 C
（资料性附录）
稳定性计算方法

C.1 折线形滑面滑动（传递系数法）计算公式

折线形滑面滑动稳定系数可按下列公式计算（图 C.1）：

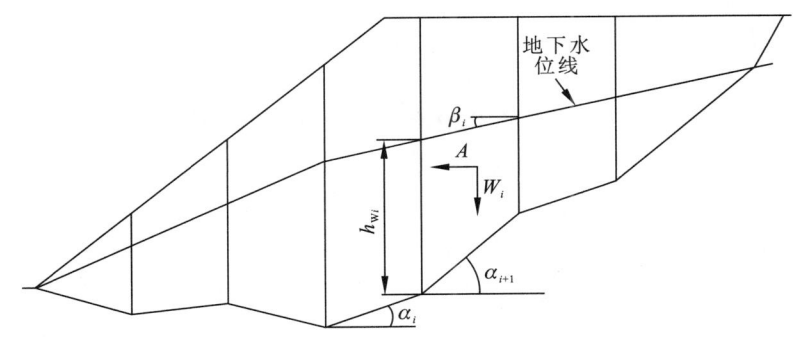

图 C.1 折线形滑面滑动剖面示意图

$$F_s = \frac{\sum_{i=1}^{n-1}\left(\left(\left(W_i((1-r_u)\cos\alpha_i - k_s\sin\alpha_i) - R_{Di}\right)\tan\varphi_i + C_i L_i\right)\prod_{j=i}^{n-1}\Psi_j\right) + R_n}{\sum_{i=1}^{n-1}\left(\left(W_i(\sin\alpha_i + k_s\cos\alpha_i) + T_{Di}\right)\prod_{j=i}^{n-1}\Psi_j\right) + T_n} \quad \cdots\cdots (C.1)$$

$$R_n = (W_n((1-r_u)\cos\alpha_n - k_s\sin\alpha_n) - R_{Dn})\tan\varphi_n + C_n L_n \quad \cdots\cdots (C.2)$$

$$T_n = W_n(\sin\alpha_n + k_s\cos\alpha_n) + T_{Dn} \quad \cdots\cdots (C.3)$$

$$\prod_{j=i}^{n-1}\Psi_j = \Psi_i \Psi_{i+1} \cdots \Psi_{n-1} \quad \cdots\cdots (C.4)$$

$$\Psi_j = \cos(\alpha_i - \alpha_{i+1}) - \sin(\alpha_i - \alpha_{i+1})\tan\varphi_{i+1} \quad \cdots\cdots (C.5)$$

式中：

F_s——稳定系数；

W_i——第 i 个条块的重量，单位为千牛每米（kN/m）；

r_u——孔隙压力比；

C_i——第 i 个条块的黏聚力，单位为千帕（kPa）；

φ_i——第 i 个条块内摩擦角，单位为度（°）；

L_i——第 i 个条块滑面长度，单位为米（m）；

α_i——第 i 个条块滑面倾角，单位为度（°）；

β_i——第 i 个条块地下水流线倾角，单位为度（°）；

k_s——综合水平地震系数；

Ψ_j——第 i 个块段的剩余下滑力传递至第 $i+1$ 个块段时的传递系数（$j=i$）。

C.2 圆弧形滑面滑动（瑞典条分法）计算公式

圆弧形滑面滑动稳定系数可按下列公式计算（图 C.2）：

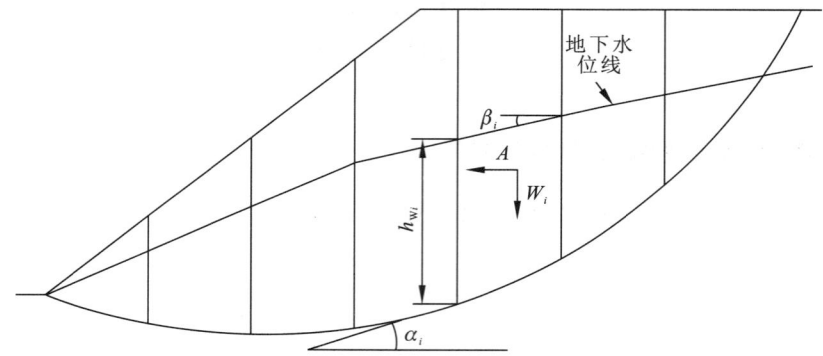

图 C.2 圆弧形滑面滑动剖面示意图

$$F_s = \frac{\sum_{i=1}^{n}((W_i(\cos\alpha_i - k_s\sin\alpha_i) - N_{Wi} - R_{Di})\tan\varphi_i + c_iL_i)}{\sum_{i=1}^{n}(W_i(\sin\alpha_i + k_s\cos\alpha_i) + T_{Di})} \quad \cdots\cdots\cdots (C.6)$$

$$N_{Wi} = \gamma_w h_{Wi} L_i \cos\alpha_i \quad \cdots\cdots\cdots\cdots\cdots\cdots\cdots\cdots (C.7)$$

$$T_{Di} = \gamma_w h_{Wi} L_i \sin\beta_i \cos(\alpha_i - \beta_i) \quad \cdots\cdots\cdots\cdots (C.8)$$

$$R_{Di} = \gamma_w h_{Wi} L_i \sin\beta_i \sin(\alpha_i - \beta_i) \quad \cdots\cdots\cdots\cdots (C.9)$$

式中：

W_i ——第 i 个条块的重量，单位为千牛每米（kN/m）；

C_i ——第 i 个条块的黏聚力，单位为千帕（kPa）；

φ_i ——第 i 个条块内摩擦角，单位为度（°）；

L_i ——第 i 个条块滑面长度，单位为米（m）；

α_i ——第 i 个条块滑面倾角，单位为度（°）；

β_i ——第 i 个条块地下水流线倾角，单位为度（°）；

k_s ——综合水平地震系数；

N_{Wi} ——孔隙水压力，单位为千帕（kPa）；

T_{Di} ——渗透压力产生的平行滑面分力，单位为千帕（kPa）；

γ_w ——水的重度，单位为千牛每立方米（kN/m³）。

C.3 平面滑动计算公式

a) 土质滑坡和岩体破碎的岩质滑坡稳定系数可按下列公式计算：

$$F_s = \frac{R}{T} \quad \cdots\cdots\cdots\cdots\cdots\cdots\cdots\cdots (C.10)$$

$$R = N\tan\varphi + cL \quad \cdots\cdots\cdots\cdots\cdots\cdots (C.11)$$

$$T = W\sin\beta + P_w\cos(\alpha - \beta) \quad \cdots\cdots\cdots (C.12)$$

$$N = W\cos\beta + P_w\sin(\alpha - \beta) \quad \cdots\cdots\cdots (C.13)$$

$$W = V_u\gamma + V_d\gamma' + F \quad \cdots\cdots\cdots\cdots\cdots (C.14)$$

$$P_w = \gamma_w i V_d \quad \cdots\cdots\cdots\cdots\cdots\cdots\cdots\cdots\cdots\cdots\cdots (C.15)$$

$$i = \sin\frac{\alpha+\beta}{2} \quad \cdots\cdots\cdots\cdots\cdots\cdots\cdots\cdots\cdots\cdots\cdots (C.16)$$

式中：

R ——滑坡体抗滑力，单位为千牛每米(kN/m)；

T ——滑坡体下滑力，单位为千牛每米(kN/m)；

N ——滑坡体在滑动面法线上的分力，单位为千牛每米(kN/m)；

L ——滑动面长度，单位为米(m)；

W ——滑坡体自重与建筑等地面荷载之和，单位为千牛每米(kN/m)；

β ——计算条块地下水流线倾角，单位为度(°)；

P_w——滑坡体的渗透压力，作用的角度为计算条块底面和地下水位面倾角的平均值，指向低水头方向，单位为千帕(kPa)；

V_u ——滑坡体、岩土体的浸润线以上体积，单位为立方米(m³)；

V_d ——滑坡体、岩土体的浸润线以下体积，单位为立方米(m³)；

F ——滑坡体所受地面荷载，单位为千牛(kN)；

α ——滑面倾角；

γ ——岩土的饱和重度，单位为千牛每立方米(kN/m³)；

γ' ——岩土的浮重度(有效重度)，单位为千牛每立方米(kN/m³)；

其他符号意义同前。

b) 岩体完整或比较完整的岩质滑坡稳定系数可按下列公式计算(图 C.3)：

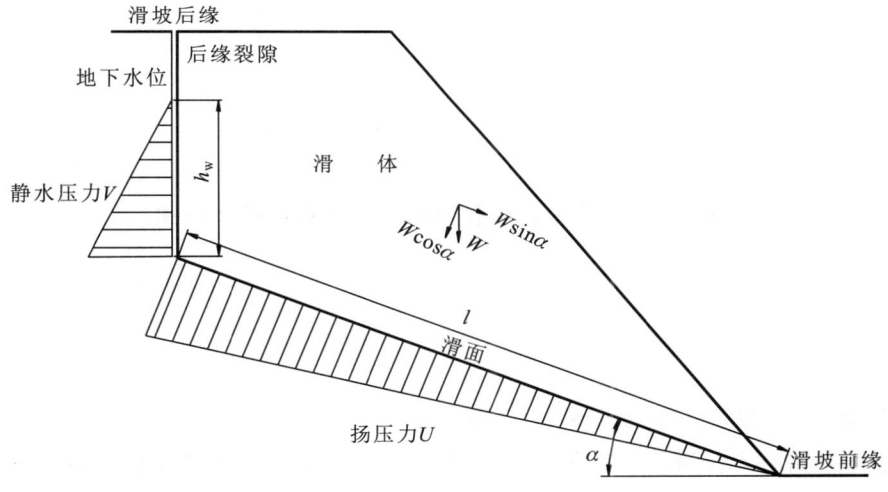

图 C.3 平面滑动剖面示意图

$$F_s = \frac{R}{T} \quad \cdots\cdots\cdots\cdots\cdots\cdots\cdots\cdots\cdots\cdots\cdots (C.17)$$

$$R = N\tan\varphi + cL \quad \cdots\cdots\cdots\cdots\cdots\cdots\cdots\cdots\cdots\cdots\cdots (C.18)$$

$$T = W\sin\alpha + V\cos\alpha \quad \cdots\cdots\cdots\cdots\cdots\cdots\cdots\cdots\cdots\cdots\cdots (C.19)$$

$$N = W\cos\alpha - V\sin\alpha - U \quad \cdots\cdots\cdots\cdots\cdots\cdots\cdots\cdots\cdots\cdots\cdots (C.20)$$

$$W = V_u\gamma + V_d\gamma' + F \quad \cdots\cdots\cdots\cdots\cdots\cdots\cdots\cdots\cdots\cdots\cdots (C.21)$$

$$V = \frac{1}{2}\gamma_w h_w^2 \quad\quad\quad\quad\quad\quad\quad\quad\quad\quad (C.22)$$

$$U = \frac{1}{2}\gamma_w l h_w \quad\quad\quad\quad\quad\quad\quad\quad\quad\quad (C.23)$$

式中：
V ——裂隙水压力，单位为千牛每米（kN/m）；
U ——底部地下水扬压力，单位为千牛每米（kN/m）；
h_w ——裂隙充水高度，单位为米（m）；
其他符号意义同前。

C.4 崩塌（危岩体）稳定性计算基本方法与公式

C.4.1 滑移式崩塌（危岩体）稳定系数计算

a) 对后缘无陡倾裂隙时，可按下列公式计算（图 C.4）：

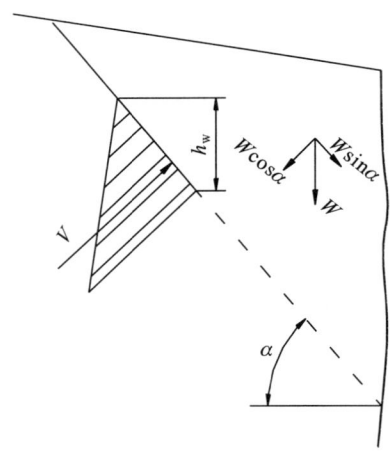

图 C.4 后缘无陡倾裂隙稳定性计算剖面示意图

$$F_s = \frac{(W\cos\alpha - Q\sin\alpha - V)\cdot\tan\varphi + cL}{W\sin\alpha + Q\cos\alpha} \quad\quad\quad\quad (C.24)$$

式中：
V ——裂隙水压力，单位为千牛每米（kN/m）；
c ——后缘裂隙黏聚力标准值，单位为千帕（kPa）；当裂隙未贯通时，取贯通段和未贯通段黏聚力标准值按长度加权的加权平均值，未贯通段黏聚力标准值取岩石黏聚力标准值的 0.4 倍；
φ ——后缘裂隙内摩擦角标准值，单位为度（°）；当裂隙未贯通时，取贯通段和未贯通段内摩擦角标准值按长度加权的加权平均值，未贯通段内摩擦角标准值取岩石内摩擦角标准值的 0.95 倍；
α ——滑面倾角，单位为度（°）；
Q ——地震力，单位为千牛每米（kN/m）；
W ——危岩体自重，单位为千牛每米（kN/m）；
其他符号意义同前。

b) 对后缘有陡倾裂隙、滑面缓倾时,可按附录C式(C.17)计算。

C.4.2 倾倒式崩塌(危岩体)稳定性系数计算

a) 由后缘岩体抗拉强度控制时,可按下列公式计算(图C.5):

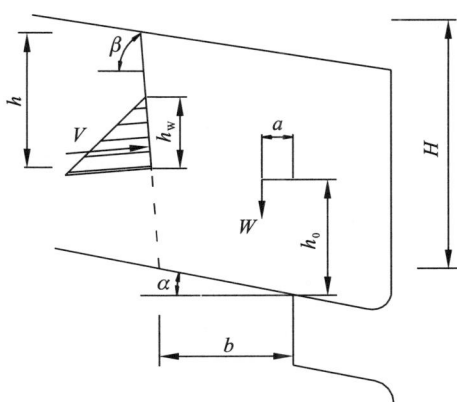

图C.5 由后缘岩体抗拉强度控制稳定性计算剖面示意图

$$F_s = \frac{\frac{1}{2}f_{lk} \cdot \frac{H-h}{\sin\beta}\left(\frac{2}{3}\frac{H-h}{\sin\beta} + \frac{b}{\cos\alpha}\cos(\beta-\alpha)\right)}{W \cdot a + Q \cdot h_0 + V\left(\frac{H-h}{\sin\beta} + \frac{h_w}{3\sin\beta} + \frac{b}{\cos\alpha}\cos(\beta-\alpha)\right)}$$

(危岩体重心在倾覆点之外时) ……………………… (C.25)

$$F_s = \frac{\frac{1}{2}f_{lk} \cdot \frac{H-h}{\sin\beta}\left(\frac{2}{3}\frac{H-h}{\sin\beta} + \frac{b}{\cos\alpha}\cos(\beta-\alpha)\right) + W \cdot a}{V\left(\frac{H-h}{\sin\beta} + \frac{h_w}{3\sin\beta} + \frac{b}{\cos\alpha}\cos(\beta-\alpha)\right)}$$

(危岩体重心在倾覆点之内时) ……………………… (C.26)

式中:

h ——后缘裂隙深度,单位为米(m);

h_w ——后缘裂隙充水高度,单位为米(m);

H ——后缘裂隙上端到未贯通段下端的垂直距离,单位为米(m);

a ——崩塌(危岩体)重心到倾覆点的水平距离,单位为米(m);

b ——后缘裂隙未贯通段下端到倾覆点之间的水平距离,单位为米(m);

h_0 ——崩塌(危岩体)重心到倾覆点的垂直距离,单位为米(m);

f_{lk} ——崩塌(危岩体)抗拉强度标准值,单位为千帕(kPa),根据岩石抗拉强度标准值乘以0.4的折减系数确定;

α ——崩塌(危岩体)与基座接触面倾角,单位为度(°),外倾时取正值,内倾时取负值;

β ——后缘裂隙倾角,单位为度(°);

V ——裂隙水压力,单位为千帕(kPa);

其他符号意义同前。

b) 由底部岩体抗拉强度控制时,可按下列公式计算(图C.6):

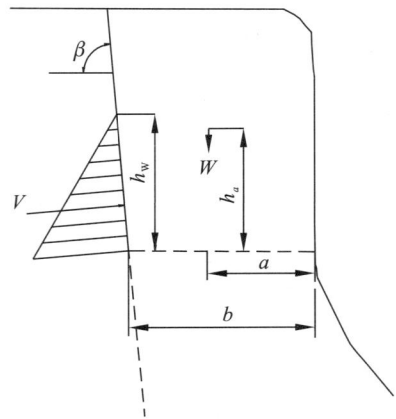

图 C.6 由底部岩体抗拉强度控制稳定性计算剖面示意图

$$F_s = \frac{\frac{1}{2}f_{lk} \cdot b^2 + W \cdot a}{Q \cdot h_0 + \left(\frac{1}{3}\frac{h_W}{\sin\beta} + b\cos\beta\right)} \quad\quad\quad\quad (C.27)$$

式中各符号意义同前。

C.4.3 坠落式崩塌（危岩体）稳定系数计算

a) 对后缘有陡倾裂隙的悬挑式崩塌（危岩体），可按下列公式计算，稳定性系数取两种计算结果中的较小值（图 C.7）。

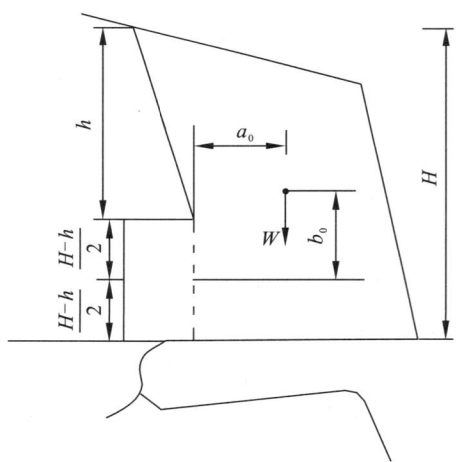

图 C.7 后缘有陡倾裂隙稳定性计算剖面示意图

$$F_s = \frac{c(H-h) - Q\tan\varphi}{W} \quad\quad\quad\quad (C.28)$$

$$F_s = \frac{\xi \cdot f_{lk} \cdot (H-h)^2}{W \cdot a_0 + Q \cdot b_0} \quad\quad\quad\quad (C.29)$$

式中：
- ξ —— 崩塌（危岩体）抗弯力矩计算系数，依据潜在破坏面形态取值，一般可取 $1/12\sim 1/6$，当潜在破坏面为矩形时可取 $1/6$；
- a_0 —— 崩塌（危岩体）重心到潜在破坏面的水平距离，单位为米（m）；
- b_0 —— 崩塌（危岩体）重心到潜在破坏面中心的铅垂距离，单位为米（m）；
- f_{lk} —— 崩塌（危岩体）抗拉强度标准值，单位为千帕（kPa），根据岩石抗拉强度标准值乘以 0.20 的折减系数确定；
- c —— 崩塌（危岩体）黏聚力标准值，单位为千帕（kPa）；
- φ —— 崩塌（危岩体）内摩擦角标准值，单位为度（°）；

其他符号意义同前。

b) 对后缘无陡倾裂隙的悬挑式崩塌（危岩体），可按下列公式计算，稳定性系数取两种计算结果的较小值（图 C.8）。

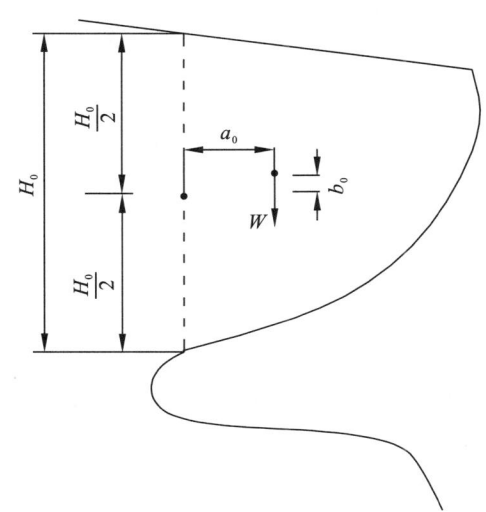

图 C.8 坠落式危岩体稳定性计算

$$F_s = \frac{c \times H_0 - Q\tan\varphi}{W} \quad\quad\quad\quad (C.30)$$

$$F_s = \frac{\xi \cdot f_{lk} \cdot H_0^2}{W \cdot a_0 + Q \cdot b_0} \quad\quad\quad\quad (C.31)$$

式中：
- H_0 —— 崩塌（危岩体）后缘潜在破坏面高度，单位为米（m）；
- f_{lk} —— 崩塌（危岩体）抗拉强度标准值，单位为千帕（kPa），根据岩石抗拉强度标准值乘以 0.30 的折减系数确定；

其他符号意义同前。

C.4.4 其他模式稳定系数计算

当崩塌（危岩体）破坏模式难以确定时，应同时进行各种可能破坏模式的崩塌（危岩体）稳定性计算。

附 录 D
（资料性附录）
削方减载削方量计算公式

D.1 剖面法

剖面法计算土方量见图 D.1。

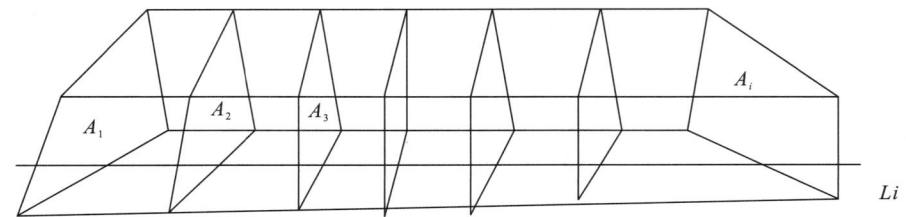

图 D.1 剖面法计算土方量

剖面法计算公式：

$$V = \sum_{i=2}^{n} V_i = \sum_{i=2}^{n} \frac{(A_{i-1} - A_i)L_i}{2} \quad\quad\quad\quad\quad\quad (D.1)$$

式中：

A_{i-1}、A_i——分别为第 $i-1$ 个和第 i 个单元起断面的土方面积，单位为平方米（m²）；

L_i——断面长，单位为米（m）；

V——土方体积，单位为立方米（m³）。

D.2 三角网法

三角网法计算土方量见图 D.2。

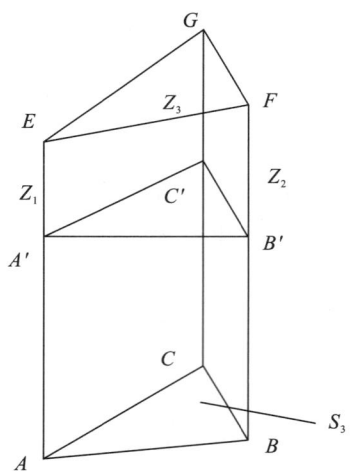

图 D.2 三角网法计算土方量

三角网法计算公式：

$$V_3 = \frac{Z_1 + Z_2 + Z_3}{3 \cdot S_3} \quad \cdots\cdots\cdots\cdots\cdots\cdots\cdots\cdots\cdots\cdots\cdots\cdots (D.2)$$

式中：
Z_1、Z_2、Z_3——三角形角点填挖高差，单位为米（m）；
S_3——三棱柱底面积，单位为平方米（m^2）。

附 录 E
（资料性附录）
岩质边坡的岩体分类

E.1 岩质边坡的岩体类型应根据岩体主要结构面与坡向的关系、结构面的倾角大小、结合程度、岩体完整程度等因素来划分，并应符合表 E.1 的规定。

表 E.1 岩质边坡的岩体分类

边坡岩体类型	判定条件			
	岩体完整程度	结构面结合程度	结构面产状	直立边坡自稳能力
Ⅰ类	完整	良好或一般	外倾结构面或外倾不同结构面的组合线倾角大于75°或小于27°	30 m 高的边坡长期稳定，偶有掉块
Ⅱ类	完整	良好或一般	外倾结构面或外倾不同结构面的组合线倾角范围为27°～75°	15 m 高的边坡稳定，15 m～30 m 高的边坡欠稳定
	完整	差	外倾结构面或外倾不同结构面的组合线倾角大于75°或小于27°	15 m 高的边坡稳定，15 m～30 m 高的边坡欠稳定
	较完整	良好或一般	外倾结构面或外倾不同结构面的组合线倾角大于75或小于27°	边坡出现局部落块
Ⅲ类	完整	差	外倾结构面或外倾不同结构面的组合线倾角范围为27°～75°	8 m 高的边坡稳定，15 m 高的边坡欠稳定
	较完整	良好或一般	外倾结构面或外倾不同结构面的组合线倾角范围为27°～75°	8 m 高的边坡稳定，15 m 高的边坡欠稳定
	较完整	差	外倾结构面或外倾不同结构面的组合线倾角大于75°或小于27°	8 m 高的边坡稳定，15 m 高的边坡欠稳定
	较破碎	良好或一般	外倾结构面或外倾不同结构面的组合线倾角大于75°或小于27°	8 m 高的边坡稳定，15 m 高的边坡欠稳定
	较破碎（碎裂插嵌）	良好或一般	结构面无明显规律	8 m 高的边坡稳定，15 m 高的边坡欠稳定
Ⅳ类	较完整	差或很差	外倾结构面以层面为主倾角多为27°～75°	8 m 高的边坡不稳定
	较破碎	一般或差	外倾结构面或外倾不同结构面的组合线倾角范围为27°～75°	8 m 高的边坡不稳定
	破碎或极破碎	很差	结构面无明显规律	8 m 高的边坡不稳定

注1：结构面指原生结构面和构造结构面，不包括风化裂隙。
注2：外倾结构面是指倾向与坡向的夹角小于30°的结构面。
注3：不包括全风化基岩，全风化基岩可视为土体。
注4：Ⅰ类岩体为软岩，应降为Ⅱ类岩体；Ⅰ类岩体为较软岩且边坡高度大于15 m时，可降为Ⅱ类。
注5：当地下水发育时，Ⅱ类、Ⅲ类岩体可根据具体情况降低一档。
注6：强风化岩应划为Ⅳ类，完整的极软岩可划为Ⅲ类或Ⅳ类。
注7：当边坡岩体较完整、结构面结合差或很差、外倾结构面或外倾不同结构面的组合线倾角范围为27°～75°、结构面贯通性差时，可划为Ⅲ类。
注8：当有贯通性较好的外倾结构面时应验算沿该结构面破坏的稳定性。

E.2 当无外倾结构面及外倾不同结构面组合时,完整、较完整的坚硬岩、较硬岩宜划为Ⅰ类,较破碎的坚硬岩、较硬岩宜划为Ⅱ类;完整、较完整的较软岩、软岩宜划为Ⅱ类,较破碎的较软岩、软岩可划为Ⅲ类。

E.3 确定岩质边坡的岩体类型时,由坚硬程度不同的岩石互层组成且每层厚度小于或等于5 m的岩质边坡宜视为由相对软弱岩石组成的边坡。当边坡岩体由两层以上单层厚度大于5 m的岩体组成时,可分段确定边坡岩体类型。